국어나라 체언도시

❸ 수사, 순서대로 불러 줘!

작가의 말
체언도시의 마지막 마을,
바로 바로 수사마을!

 드디어 체언도시의 마지막 마을인 수사마을에 도착했어요. 랑이, 루미, 산이, 달리, 삼덕이 그리고 반딧불이 요정들까지! 영웅들과 함께 명사마을과 대명사마을에서 마왕의 검은 안개를 힘차게 물리치며 재미있었나요? 명사마을에서는 명사 요정들의 이름을 찾아주었고, 대명사마을에서는 대명사 요정들이 누구인지를 알려주었지요.

 이제 여러분은 명사의 종류를 나눌 수 있고 여러 대명사가 언제 쓰이는지 알 수 있을 거예요.

 하지만 아직은 부족해요. 체언도시에는 구해야 할 마을이 하나 더 남아 있거든요. 어떤 마을이지요?

 국어나라 체언도시 명사마을과 대명사마을을 구해 낸 여러분이라면 남아 있는 마을의 이름을 바로 떠올릴 수 있을 거예요.

 바로 바로 바로 수사마을! 모두 맞혔지요?

수사마을도 마왕의 검은 안개에 휩싸여 큰 위험에 빠졌답니다.

수사마을만 구해 내면 체언도시에서 검은 안개를 모두 물리쳐요. 그만큼 여러분의 국어 지식도 쑥쑥 늘어날 거예요.

수사마을은 어떤 마을일까요?

수사마을을 지키는 신수는 어떤 동물일까요?

수사마을에 사는 요정들은 어떤 위험에 빠져 있을까요?

책을 읽으며 스스로 묻고 스스로 답을 찾는다면, 여러분이 바로 국어나라의 영웅이 될 거예요.

이제, 수사마을에서는 어떤 모험이 기다리고 있을지 두근두근 쿵쾅쿵쾅! 설레는 마음을 안고 체언도시의 마지막 마을, 수사마을로 힘차게 달려가 봐요.

2025년 여름
진정

등장인물

산이

국어나라의 신수 랑이와 함께 국어나라를 구하러 온 열 살 남자아이. 또래보다 몸은 조금 작지만, 꽤 뛰어난 국어 지식을 지녀 국어나라의 요정들을 앞장서서 구해요.

달리

산이, 랑이와 함께 국어나라를 구하러 온 열 살 여자아이. 곤충을 무서워하지만 용감하고 도전적인 성격으로, 국어 지식을 빠르게 익히며 국어나라의 요정들을 구해요.

국어나라의 신수들

백호(흰 호랑이). 국어나라를 지키는 신령스러운 동물, 신수예요. 국어나라를 구해 줄 영웅들을 도와 함께 체언도시를 구해요.

양양이
양. 수사마을의 신수.

루미
두루미. 대명사마을의 신수.

삼덕이
아기 인삼 요정. 마왕의 습격으로 가족을 잃어버린 가여운 친구예요.

말 요정들
수사마을에 사는 수량, 순서를 나타내는 요정들로 검은 안개가 몰려온 후 그림 속에 갇혀 버렸어요.

검은 안개와 괴물들
말 요정들의 힘이 약해진 틈을 노려 국어나라를 없애려고 마왕이 보낸 부하들. 검은 안개와 괴물들은 늘 함께 나타나요.

작가의 말 … 4
등장인물 … 6

1장 영웅들의 행차 … 10
　　　지식 창고, 어휘 창고

2장 반의어가 새겨진 디딤판을 찾아라 … 22
　　　지식 창고, 어휘 창고

3장 난 신수라고! … 36
　　　어휘 창고

4장 그림 속에 갇힌 수사마을 … 46
　　　어휘 창고

5장 수정 구슬 속 고유어 양수사 요정들 … 52
　　　어휘 창고

6장 고유어 서수사와 쿠키 공장 … 82
　　　어휘 창고

7장 재앙을 물리치는 피리, 만파식적 … 103
　　　어휘 창고

8장 체언도시 안녕! … 118
　　　어휘 창고

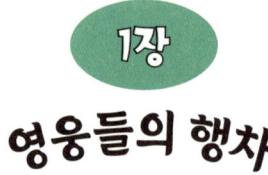

영웅들의 행차

명사마을과 대명사마을을 구한 영웅들의 행차.

수사마을로 가는 길도 검은 안개가 자욱해 반딧불이 요정들이 일행보다 앞서 날며 길을 밝혀 주었다.

달리가 산이 어깨에 앉아 있던 랑이를 데려와 품에 안았다. 랑이가 깜짝 놀라 버둥거렸다.

"무엄하다. 신수를 아기 취급하다니!"

달리가 깔깔대며 랑이를 더욱 세게 안았다.

"아, 귀여워. 그런데 그냥 안은 건 아니고 물어볼 게 있어서 그랬어. 산이 어깨에 있으면 내 목소리가 안 들릴까 봐."

달리 말을 듣고 랑이는 버둥거리기를 멈추고 물었다.

"뭐가 궁금한데?"

"수사마을은 원래 어떤 마을이야?"

"아, 수사마을이 궁금했구나. 내가 잘 설명해 주지. 모두 둥글게 모여 봐."

랑이는 달리 품에서 폴짝 뛰어 내려왔다. 그리고 둥글게 머리를 모은 친구들 가운데에 앉아 수사마을을 설명했다.

"수사마을엔 수량을 세거나 순서를 나타내는 이름을 가진 요정들이 살아. 수사를 '셈씨'라고도 해."

루미가 말을 이었다.

"그곳엔 내 제일 친한 친구인 신수 양양이가 살아. 우리가 잠이 안 올 때 폭신한 털을 지닌 양을 한 마리, 두 마리 세잖아? 그래서 양양이가 수사마을의 신수가 되었어. 양양이는 참 활달하고 겸손해."

랑이가 다시 설명을 이어 나갔다.

"수사마을엔 양수사와 서수사 요정들이 있어. 먼저 양수사를 알려 줄게. 산아, 우리가 지금 몇 명인지 한번 세 볼까?"

랑이가 요청하자 산이가 손으로 한 명씩 세었다.

"하나, 둘, 셋, 넷 그리고 삼덕이까지 다섯. 다섯이야."

산이가 손가락을 펴면서 다섯이라고 하자 반딧불이의 빛이 희미해졌다. 반딧불이 요정들이 자신들을 빼놓아 시무룩해졌기 때문이었다.

산이가 급하게 반딧불이 요정들을 보며 사과했다.

"아, 미안해, 반딧불이 요정들아. 너희가 너무 많아서 생각을 못 했어."

"하하하, 반딧불이 요정들은 예민하다고. 반딧불이 요정들아, 산이가 진심으로 사과하니까 서운함을 풀어 줘."

랑이의 말에 반딧불이 요정들이 다시 환하게 빛을 비추었다.

"방금 산이가 하나, 둘, 셋 이렇게

센 말이 양수사야. 그런데 다르게 표현할 수도 있어. 어떻게 표현할 수 있을까?"

달리가 곰곰이 생각하다가 문득 떠오른 듯 손뼉을 쳤다.

"알았어! 일, 이, 삼, 사 이렇게. 맞지, 랑아?"

"오, 달리 제법인데? 맞아. 하나, 둘, 셋 그리고 일, 이, 삼 모두 양을 세는 양수사야. 하나, 둘, 셋은 고유어이고 일, 이, 삼은 한자어지."

"아하! 뜻은 같구나!"

"그렇지! 양수사는 참 신기한 특성이 있어. 산아, 달리야, 내가 숫자를 쓸게, 한번 읽어 봐."

랑이는 바닥에 크게 숫자 '26'을 썼다.

"스물여섯."

"이십육."

산이와 달리가 동시에 외쳤다.

"하하, 둘 다 잘했어. 산이는 고유어 양수사로 읽었고, 달리는 한자어 양수사로 읽었어. 모두 맞아. 그럼, 이 숫자는?"

'555'

"오백오십오!"

달리와 산이가 동시에 대답했다.

"그래, 이 숫자는 모두 한자어로 읽었지? 이처럼 한국어에서 100이 넘지 않는 수들은 고유어와 한자어로 모두 읽지만, 백이 넘어가는 큰 숫자들은 주로 한자어로 읽어. 그래서 숫자 100을 나타냈던 고유어 '온'이나 숫자 1000을 나타냈던 '즈믄'이라는 고유어가 사라져서 쓰이지 않아."

"한자어가 많이 쓰이면서 고유어가 사라진 거구나. 선생님께 들었어. 지금 우리가 쓰는 산(山)과 강(江)은 한자어이고,

옛날에는 고유어인 '뫼', '가람'이었다고."

산이가 학교에서 배웠던 고유어와 한자어 이야기가 생각나 말했다.

"맞아, 고유어가 사라지다니 안타까워. '온', '즈믄' 요정들이 가루가 되어 하늘로 사라졌어. 우리 어린이들이 좋은 우리말을 많이 찾아서 써야 해. 그래야 요정들이 사라지지 않으니까."

산이와 달리 모두 랑이의 말에 고개를 끄덕였다.

"랑아, 결심했어. 이제 돌아가면 아름다운 우리말을 찾아서 친구들과 열심히 쓸 거야. 요정들이 사라지지 않도록."

"좋은 생각이야."

랑이가 달리를 쓰다듬어 주었다.

"자, 여기서 더 재밌는 얘기를 해 줄게. 양수사는 수량을 셀 때 쓰는 말이잖아? 그런데 값이 없는 수인 '0'을 나타내는 '영', '공'은 수사일까?"

산이가 고개를 갸웃거리며 말했다.

"수량을 셀 때 쓰는 말을 양수사라고 하는데 '영', '공'은 수량을 쓸 때 사용하지는 않으니까……. 그럼, '영'과 '공'은 수

사가 아닌 건가?"

"역시, 산이! 영웅다워. '0'의 이름인 '영'과 '공'은 수사가 아니라 명사야. 그래서 수사마을에는 없고 명사마을에서 노래를 부르고 있을 거야."

"와, 정말 재밌다. 나는 '영', '공' 모두 수사일 줄 알았어. 그런데 '명사'라니! 내 국어 지식이 하늘만큼 높아진 듯."

달리가 손뼉을 치며 좋아했다.

랑이가 말을 이었다.

"이제 서수사를 얘기해 줄게. 서수사는 '순서 수사'라고도 하는데 바로 순서, 차례를 나타내는 수사야. 달리야, 아침에 일어나면 꼭 하는 일을 순서대로 말해 볼래?"

랑이가 요청하자 달리는 엄지와 검지를 펴 턱에 대고 골똘히 생각하더니 말했다.

"우리 부모님이 매일 하라고 하는 게 있지. 첫째, 욕실에 가서 세수하기. 둘째, 밥 먹고 이 닦기. 셋째, 옷 갈아입고 등교 준비. 내가 아침에 순서대로 하는 일들이야."

"달리가 첫째, 둘째, 셋째 이렇게 순서를 나타낸 말이 서수사야. 아, 한자어 서수사도 있는데, 어린이들은 잘 쓰지 않는 말이야. '제일, 제이, 제삼'처럼 '제'를 한자어 양수사에 붙여서 나타내지."

"내가 정리해 볼게. 수사는 양수사, 서수사로 나뉘고 또 각각은 고유어와 한자어로 나뉜다는 거지? 양수사에서 100보다 작은 수는 고유어와 한자어 둘 다 쓰지만, 큰 수는 한자어를 쓴다! 그리고 숫자 '0'의 이름은 '영', '공'인데 수사가 아니라 명사다! 맞지?"

"산아, 정리를 아주 잘했어. 그럼, 수사마을 소개는 이제 마치고 수사 요정들을 구하러 가자. 반딧불이 요정들아, 길을 밝혀 줘."

랑이가 말을 끝내자마자 반딧불이 요정들이 다시 힘차게 날며 검은 안개 사이에서 빛을 내뿜었다.

지식 창고

◉ **수사의 뜻은 무엇일까요?**

수사는 수량이나 순서를 나타낼 때 쓰는 말이에요. '셈씨'라고도 해요.

◉ **수사의 종류를 알아봐요.**

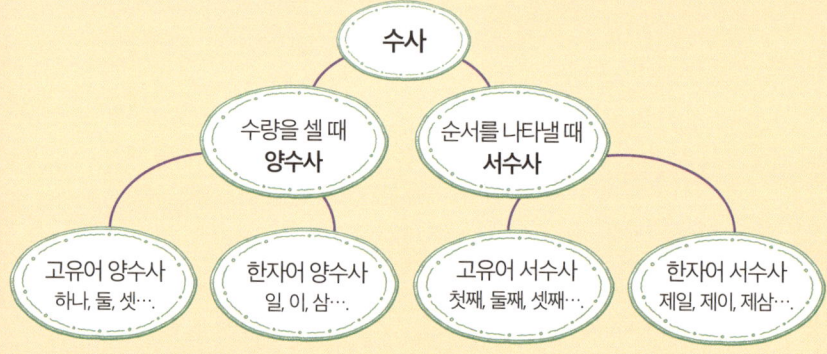

◉ **숫자 '0'은 수사일까요?**

'0'의 이름인 '영', '공'은 명사예요.
'영', '공'은 수량을 세거나 순서를 나타낼 때 쓰이지 못해요.
그래서 수량을 세거나 순서를 나타내는 수사가 아니지요.

◉ **조금 더 알기**

26 100 아래 수사는 '스물여섯' '이십육'처럼 고유어나 한자어로 읽어요.

555 100이 넘는 큰 수는 '오백오십오'처럼 한자어로 읽어요.

- **자욱하다** 연기나 안개 따위가 잔뜩 끼어 흐릿하다는 뜻이에요.
- **무엄하다** 삼가거나 어려워함 없이 아주 무례하다는 뜻이에요.
- **시무룩하다** 마음이 좋지 않아 말이 없고, 얼굴에 마음에 들지 않는 표정이 있는 것을 말해요.
- **예민하다** 자극에 대한 반응이나 감각이 지나치게 날카로운 상태를 말해요.
- **고유어** 해당 언어에 본디부터 있던 말이나 그것에 기초하여 새로 만들어진 말이에요.
- **결심하다** 할 일에 대하여 어떻게 하기로 마음을 굳게 정한다는 말이에요.
- **골똘히** '한 가지 일에 온 정신을 쏟아 딴생각이 없이'라는 뜻이에요.

◉ 순서대로 일을 한 경험을 이야기해 봐요.

2장
반의어가 새겨진 디딤판을 찾아라

일행은 반딧불이 요정들이 안내하는 길을 따라 한참을 걸었다.

갑자기 반딧불이 요정들이 멈추더니 호들갑스러운 몸짓으로 랑이 앞으로 왔다.

"무슨 일이지?"

모두 어리둥절했다.

"앞에 뭔가 있는 것 같아. 내가 먼저 가 볼게."

산이 어깨 위에 있던 랑이가 훌쩍 뛰어내려

반딧불이 요정들 뒤를 따랐다.

멀리서 랑이가 큰 소리로 외쳤다.

"여기 절벽이 있어!"

랑이가 외치는 곳으로 갔다.

절벽이 되어 끊긴 땅은 끝이 어딘지도 모를 정도로 깊고 아득한 어둠을 드러내고 있었다.

'시시식', '스스슥' 무서운 괴물의 숨소리도 들리는 듯했다.

루미가 주저앉아 눈물을 흘리며 말했다.

"이래서 양양이가 오지 못했던 거야. 땅이 꺼져서 무시무시한 절벽이 되어 버렸어."

"루미야, 반드시 길이 있을 거야. 너는 할 수 있어. 반딧불이 요정들과 함께 길을 알아 와 줘."

랑이가 루미를 일으켜 세우며 격려했다.

"내가 반드시 건널 길을 찾을게. 조금만 기다려."

눈물을 닦으며 루미가 반딧불이 요정들과 함께 날아올랐다. 잠시 뒤, 루미와 반딧불이 요정들이 돌아왔다.

"다리가 있어. 여기서 오른쪽으로 조금만 가면 돼!"

루미가 가쁜 숨을 고르며 오른쪽을 가리켰다.

루미가 가리킨 곳으로 와 보니 출렁다리가 놓여 있었다. 그런데 출렁다리 가운데가 뚫려 있었다. 건널 수 있는 디딤판이 절반이나 없었다. 출렁다리 앞쪽에만 디딤판이 놓여 있었다.

"디딤판을 어떻게 완성하지?"

"산아, 한힌샘 선생님 책을 열어 보자. 이번에도 방법을 알려주실 거야."

달리의 제안에 산이가 가방에서 책을 꺼냈다.

차르륵 책이 펼쳐지더니 공중에 글을 새겼다.

> 길을 건너려면 출렁다리 디딤판을 완성하세요.
> 앞쪽 디딤판 위에 단어가 있습니다.
> 이 단어들의 반의어가 새겨진 디딤판을 주변에서 찾아 연결하세요.
> 디딤판 10개를 연결하면 다리가 완성됩니다.
> 단, 출렁다리가 흔들리면 잠들어 있는 지네 괴물이
> 깨어날 수 있습니다.

모두 지네 괴물이 있다는 사실에 온몸이 얼어붙었다. 그동안 만났던 검은 눈의 두더지와 거미 괴물이 생각났다.

"그, 그러니까 저 아래, 지, 지네 괴물이…… 나, 난 꿈틀거리는 벌레가 너무 무서운데…….."

달리가 두 손으로 입을 막고 달달달 떨었다.

"출렁다리가 너무 흔들리지만 않으면 괜찮을 거야."

산이도 지네 괴물이 두려웠지만 달리를 달래 주었다. 랑이도 나섰다.

"신수인 나, 랑이만 믿으라고. 힘을 조금 회복했어. 괴물이 와도 물리칠 수 있으니 너무 떨지 마, 달리야."

"이제 단어를 확인해 보자. 나는 날면서 디딤판의 단어들을 알아 올게. 너희는 주변에서 디딤판 조각을 모두 찾아."

루미가 말을 끝내고 몇몇의 반딧불이 요정들과 출렁다리 위로 휙 날아갔다. 산이, 달리, 랑이는 남은 반딧불이 요정들과 함께 디딤판 조각을 찾았다.

디딤판 조각은 여기저기 흩어져 있었다. 발밑, 바위 위, 풀숲, 나무 사이. 나무 꼭대기에 달랑달랑 달려 있던 조각은 랑이가 나무를 타고 올라가 떨어뜨렸다. 10개의 조각을 모두 찾았다.

"반의어는 반대가 되는 뜻을 지닌 말이니까, 이 말들의 반대말과 연결하면 다리를 통과할 수 있어."

랑이가 디딤판 조각을 모으는 사이에 마침 루미가 숨을 헐떡이며 돌아왔다.

"출렁다리 디딤판에 새겨져 있는 단어를 모두 알아 왔어. 순서대로 말할게."

"첫째 단어가 뭐였어?"

산이가 물었다.

"첫째 단어는 '행복'이야."

"행복의 반의어는 불행!"

루미의 말에 이어 달리가 자신 있게 답했다.

루미는 '불행' 다음에 올 단어들을 순서에 맞게 놓았다.

둘째 단어는 '굳다'였다.

"빵을 한 번 베어 먹고 그냥 두면 겉이 딱딱하게 굳는데, 그렇게 물기가 사라지는 걸 '굳다'라고 하는 거지? 반의어는 그럼 물처럼 되는 '녹다'가 아닐까?"

"오, 달리야, 정말 국어 100점답다. 좋았어. 다음!"

산이와 달리는 반의어들을 순서대로 맞히며 디딤판 조각들을 쌓았다.

"이제 준비는 다 끝났어. 어서 다리로 가자."

차례대로 쌓은 디딤판 조각을 산이와 달리가 나누어 들고 출렁다리로 조심조심 걸어갔다. '행복' 디딤판 옆에 '불행' 디딤판 조각을 맞춰 넣으니 디딤판 조각들이 환한 빛을 냈다.

"와! 디딤판이 단단하게 연결됐어. 어서 맞추자."

"그래, 좋아."

신이 난 달리와 산이가 디딤판 조각들을 맞추어 갔다. 하나

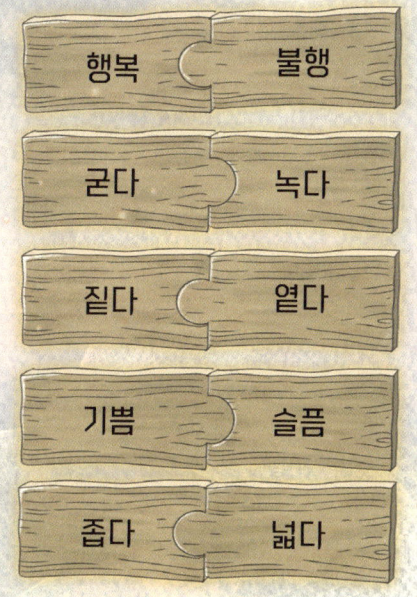 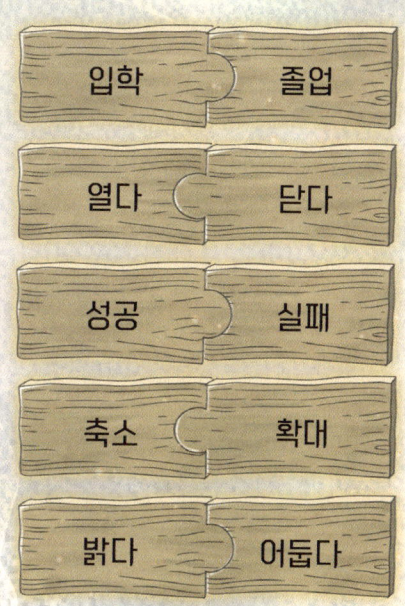

의 디딤판이 온전해지면 모두 한 칸만큼 앞으로 나아갔다.

"이제 마지막이야, 달리야. '밝다'의 반의어만 남았어. '밝다'의 반의어는 '어둡다'. 이제 끝."

산이가 '밝다' 디딤판에 '어둡다' 조각을 맞추자 출렁다리 전체가 빛을 내뿜었다.

"와, 출렁다리가 완성되고 있어!"

'착', '착', '착', '착', 큰 소리를 내며 출렁다리 끝까지 디딤판이 채워졌다. 짙은 검은 안개 속에서 출렁다리만 환하게 빛

- ◉ 반의어를 알아봐요.

  반의어는 그 뜻이 서로 정반대 관계인 말이에요.

- ◉ 반의어가 되려면?

  여기서 문제 하나!

  문제

  '개'와 '고양이'는 서로 반대가 되는 말일까요?

  정답

  '아니요'입니다.

  왜일까요?

  정반대 관계인 반의어가 되려면 다른 부분들은 공통되고 딱 한 부분만 반대가 되어야 해요.

  '암컷'과 '수컷'은 '동물'이라는 공통되는 부분이 있고 딱 한 부분, '성별'만 반대되는 '반의어'예요.

- ◉ 우리 주변에서 반의어인 말들을 찾아봐요.

- **호들갑스럽다** 말이나 하는 짓이 야단스러운 것을 말해요.
- **어리둥절하다** 잘 몰라서 얼떨떨한 것을 말해요.
- **출렁다리** 양쪽 언덕에 줄이나 쇠사슬을 건너지르고, 거기에 의지하여 매달아 놓은 다리예요.
- **무시무시하다** 몹시 무섭다는 말이에요.
- **격려하다** 용기가 솟아나도록 북돋아 준다는 말이에요.
- **가쁘다** 숨이 몹시 차다는 말이에요.
- **짙다** 빛깔을 나타내는 물질이 많이 들어 있어 보통 정도보다 빛깔이 강하다는 말이에요.
- **옅다** 빛깔이 보통의 정도보다 흐릿하다는 말이에요.
- **확대** 넓혀서 크게 하는 것이에요.
- **축소** 모양이나 규모 따위를 줄여서 작게 하는 것이에요.

◉ '격려의 말'에는 어떤 말들이 있는지 생각해 봐요.

난 신수라고!

랑이가 폴짝폴짝 뛰며 출렁다리 위를 건넜다. 랑이 뒤를 이어 루미, 달리, 산이가 씽씽 달렸다. 여럿이 달리니 출렁다리가 흔들렸다. 처음에는 약하게 흔들리더니 점점 심해졌다. 출렁다리를 반쯤 건너왔을 때 앞서 달리던 랑이가 갑자기 멈추며 말했다.

"잠깐, 무슨 소리가 들려."

"무슨 소리?"

달리가 물어보는데, 산이가 소리쳤다.

"으악, 저기 지네, 지네가 다리 쪽으로 오고 있어."

'쉬시식' 지네 괴물이 푸른 독을 뿜으며 다리 위로 기어오르려 했다.

"지, 지, 지네, 지네, 지네야, 지네네, 지네……."

달리는 지네 괴물을 보고 얼어붙어 '지네' 소리만 반복했다.

"으아아, 지네랑 눈이 마주쳤어요. 무서워요."

산이 주머니에 있던 삼덕이가 지네를 보더니 주머니 안으로 쏙 들어갔다. 달달달 떠는 삼덕이 때문에 주머니가 들썩였다.

"달리야, 정신 차려."

랑이가 달리 어깨 위로 올라가 달리 얼굴을 앞발로 꾹꾹 눌렀다.

랑이가 모두를 보며 말했다.

"지네는 아직 다리까지는 못 올라왔어. 우리가 지네보다 빨리 출렁다리를 건너면 돼. 어서 달리자."

랑이와 일행은 모두 다시 달렸다. 지네 괴물이 다리까지 올라오기 전에 다리를 건너야 했다. 랑이가 가장 먼저 다리를 완전히 건넜다.

"어서 와!"

랑이가 일행을 향해 큰 소리로 외쳤다.

산이도 열심히 달렸다. 지네 괴물이 다리 근처로 점점 다가오는 것이 보였다. '헉헉' 숨이 찼다. 다리도 무거워졌다. 저 앞에 달리가 쌩 달리는 모습이 보였다. 이제 다리 끝까지 조금만 남았다.

"산아, 달리야, 어서, 빨리!"

먼저 도착한 랑이가 산이와 달리를 재촉했다. 달리는 잘 달

리다가 다리 끝을 얼마 남기지 않고 몸이 얼어붙었다. 무서워서 발이 떨어지지 않았다. 지네 괴물이 다리 끝에 거의 다 왔기 때문이었다.

그 순간, 루미와 반딧불이 요정들이 지네 괴물을 방해했다.
"떨어져, 떨어져."
루미가 부리로 지네 몸을 찔렀다.
반딧불이 요정들은 지네 괴물 눈에 몰려들어 시야를 가렸다.
'쉭쉭'
지네 괴물이 독을 뿌렸다. 지네 괴물 독에 지네를 방해하던 루미와 반딧불이 요정들이 물러날 수밖에 없었다. 방해물이 없어진 지네 괴물은 맹렬하게 다리 끝으로 올라왔다. 지네는 앞 다리들로 출렁다리를 끌어내리려 했다. 다시 크게 출렁였다.
"디딤판이, 다리가!"
디딤판이 몇 개 떨어졌다. 출렁다리 줄도 끊어지려 했다.
"삼덕아, 너라도 먼저 가."
산이가 주머니에서 삼덕이를 꺼내 일행이 있는 곳으로 힘껏 던졌다.

"루미야, 받아 줘!"

루미가 삼덕이를 두 날개로 안전하게 받았다.

"산아, 내가 갈게."

"안 돼."

산이가 말을 끝내기도 전에 랑이가 산이 곁으로 왔다.

"왜, 왜 왔어!"

"내가 지네를 타고 막을 테니까 너는 달리랑 같이 다리를 건너."

"그럴 순 없어. 너도 떨어질 거야."

"산아, 비록 이렇게 작지만 난 신수라고. 요정들 그리고 우리의 영웅인 너희를 지키는 게 내 일이야. 어서 뛰어!"

말을 마치자마자 랑이가 지네 괴물의 등 위로 뛰었다.

지네의 등을 치고 이빨로 껍질을 긁었다. 루미도 다시 날아 지네 괴물을 쪼았다. 반딧불이 요정들도 합세했다.

신수들이 지네 괴물을 괴롭히는 사이, 산이와 달리는 아슬아슬하게 출렁다리를 모두 건널 수 있었다.

산이와 달리는 지네 괴물과 엉켜 있는 랑이와 루미, 반딧불이 요정들이 걱정됐다. 싸움은 더 격렬해졌다. 지네 괴물은 신수들의 총공격에 온몸을 뒤틀었다. 지네 괴물이 상처 때문에 괴로워했다.

"어어, 떨어진다. 위험해!"

지네 괴물이 절벽 아래로 떨어지려 할 때였다.

"루미야, 나를 등에 태워!"

랑이가 루미 등 위로 올라갔다.

"억, 랑아, 너는 너무, 너무 무거워."

루미가 랑이를 등에 업고 힘겹게 조금씩 위로 올라왔다. 반딧불이 요정들도 루미 아래에서 루미가 위로 올라가도록 영차, 영차 힘을 보탰다.

드디어 랑이를 태운 루미가 땅 위로 올라왔다.

"아, 힘들어. 왜 호랑이는 이렇게 작아도 무거운 거야."

루미가 숨을 헐떡이며 랑이를 흘겨보았다.

"랑아, 신호를 주고 올라타야지. 허리 부러지는 줄."

"고마워, 루미야. 나는 너를 믿었어. 루미야, 너는 이제 국어나라 역사에 아주 중요한 신수로 기록될 거야. 이 위대한 랑이를 구한……."

"그만! 하아. 겸손한 양양이 보고 싶다. 빨리 수사마을로 가자고."

루미는 허리를 부여잡고 수사마을로 앞장섰다. 그리고 달리와 산이, 삼덕이에게 양양이가 랑이와 달리 얼마나 겸손한지를 한참 이야기했다.

- **얼어붙다** 긴장이나 무서움 때문에 몸이 굳어지는 상태를 말해요.
- **재촉하다** 어떤 일을 빨리하도록 조르는 것을 말해요.
- **시야** 볼 수 있는 범위를 말해요.
- **맹렬하다** 기세가 몹시 사납고 세차다는 말이에요.
- **합세하다** 흩어져 있는 세력을 한곳에 모으는 것을 말해요.
- **격렬하다** 말이나 행동이 세차고 사납다는 말이에요.
- **흘기다** 눈동자를 옆으로 굴리어 못마땅하게 노려보는 것을 말해요.
- **겸손하다** 남을 존중하고 자기를 내세우지 않는 태도가 있는 것이에요.

● 무거운 것을 들거나 등에 졌던 경험이 있는지 생각해 봐요.

4장
그림 속에 갇힌 수사마을

수사마을에 도착하니 신비한 광경이 펼쳐졌다. 어른 키만 큼 큰 액자 세 개가 수사마을 입구에 둥둥 떠 있었다. 왼쪽 액자에는 양 한 마리와 여러 색깔의 우산들이 공중에 떠 있는 그림이 담겨 있었다. 가운데 액자에는 쿠키가 만들어지고 있는 공장 모습을 담은 그림이 있었다. 그리고 오른쪽 액자에는 수묵으로 그려진 산수화가 있었는데, 물 위에 작은 배 한 척이 떠 있는 그림이었다.

"이 그림들은 뭐지?"

달리가 왼쪽 그림에 손바닥을 갖다 댔다. 그러자 그림 안에서 떠 있던 양 한 마리가 발을 재게 움직이며 날아와 달리가 손을 댄 쪽으로 얼굴을 부딪쳤다.

"양양이야!"

루미가 외쳤다.

양양이는 그림에서 나오려고 계속 몸을 부딪쳤다.

"양양이는 내 목소리가 들리지 않나 봐. 양양아, 그러지 마. 아파."

루미가 안타까워하며 양양이가 있는 액자에 얼굴을 비비었다.

"양양이와 수사마을 요정들을 구해야 해. 산아, 어서 책을 펴."

랑이가 산이를 재촉했다. 산이는 가방에서 한힌샘 선생님의 책을 꺼내 펼쳤다. 책에서 빛이 나와 공중에 알림창을 띄웠다.

> 수사마을을 정화합니다.
> 도전하시겠습니까?
> ☐ 예   ☐ 아니요

모두 힘차게 "예!"라고 대답했다.

> 도전을 수락했습니다.
>
> 수사마을 정화는 그림 안으로 들어가
> 주어진 임무를 완수해야 합니다.
>
> 그림 안으로 들어가려면 세 액자 뒷면에 쓰인 임무를
> 완수해야 합니다.

곧 알림창이 사라졌다. 책이 알려준 대로 세 개의 액자를 돌리니 문을 열 수 있는 임무가 각각 적혀 있었다.

"양양이가 있는 액자부터!"

루미가 발을 동동거리며 외쳤다.

양양이가 있는 액자 뒷면에는 이렇게 적혀 있었다.

'양'이 들어간 단어를 다섯 개 말하세요.

"양이 들어간 말? 산아, 달리야, 도와줘."

산이와 달리는 루미의 간절한 눈망울을 보며 '양'이 들어간 말을 열심히 생각했다.

"양송이수프!"

달리가 먼저 외쳤다.

"양말."

산이가 재빨리 이어 말했다.

"양, 양이 들어간 말, 음, 꼭 양이 처음에 들어가지 않아도 되잖아. 그래, 모양!"

달리가 새로운 방법을 생각해 냈다.

"그렇다면, '토양'도 있어!"

"오, 산이. 똑똑한데. 마지막은 내가 장식하지. 바로 바로 나처럼 빛나는 '태양!' 음하하."

달리가 뽐내며 '태양'을 말하자 액자 뒤에 문이 생겼다. 곧이어 어서 들어오라는 듯 문이 빛을 내며 열렸다.

"자, 이제 들어가자."

산이의 말에 일행은 모두 손을 잡고 빛이 넘쳐흐르는 문을 넘어섰다.

- **수묵** 빛이 엷은 먹물이에요.
- **산수화** 동양화에서, 산과 물이 어우러진 자연의 아름다움을 그린 그림이에요.
- **비비다** 맞대어 문지른다는 말이에요.
- **재다** 동작이 재빠르다는 말이에요.
- **완수하다** 뜻한 바를 완전히 이루거나 다 해낸다는 말이에요.
- **토양** 식물에 영양을 공급해 자라게 할 수 있는 흙이에요.
- **뽐내다** 뜻한 것을 이루어 만족스럽게 우쭐거린다는 말이에요.

◉ 여러분이 그림 속으로 들어갈 수 있는 초능력자라면 어떤 그림에 들어가고 싶은지 이야기해 보세요.

5장
수정 구슬 속 고유어 양수사 요정들

"으아."

"우어어어."

산이와 달리는 소리를 지를 수밖에 없었다. 문을 통과하니 공중이었기 때문이었다. 공중에서 손발을 심하게 허둥대며 어찌할 줄을 몰랐다.

"산아!"

달리는 산이의 후드 모자를 잡았다. 왠지 추락할 것만 같아 무서웠다. 그

때 랑이가 외쳤다.

"산아, 달리야, 허둥대지 마. 안 떨어져!"

랑이 말을 듣고 산이와 달리가 허둥대던 손발을 멈췄다. 정말 랑이의 말대로 둘은 아래로 떨어지지 않았다. 공중에 둥둥 떠 있을 수 있었다.

"우아, 하늘에 떠 있어! 산아, 기분 최고야!"

곧바로 정신을 차린 달리가 하늘에서 양팔과 양다리를 벌린 채 좋아했다.

수영을 하듯 신나게 팔과 다리를 움직였다.

양양이가 일행이 있는 곳으로 날아왔다.

"랑아, 루미야! 메에에엥."

양양이가 눈물을 흘리며 랑이 얼굴을 앞발로 잡았다. 루미도 양양이의 머리를 톡톡 토닥여 주었다.

"양양아, 얼굴 좀 놔 줘."

랑이가 양양이에게 말했다.

"아, 응응."

양양이가 랑이 얼굴을 놓아 주었다. 루미가 양양이를 모두에게 소개했다.

"양양이는 수사마을 신수야. 참 폭신폭신한 털을 가졌어. 보기만 해도 잠이 오지."

"양양아, 안녕. 나는 달리야."

"나는 산이, 여기 작은 인삼은 삼덕이."

산이가 삼덕이를 주머니에서 꺼내 보여주었다.

"안녕하세요. 저는 아기 인삼 삼덕이예요."

모두 인사를 마치자 랑이가 물었다.

"수사마을은 어떻게 된 거야? 수사 요정들은 어디 있고?"

양양이는 랑이의 질문에 눈물을 흘리며 수사마을에서 벌어진 일을 얘기해 주었다.

어느 날, 양양이가 구름을 덮고 쉬고 있는데 갑자기 검은 안개가 몰려왔다고 한다. 검은 안개가 수사마을을 감싸더니 수사마을을 세 개로 나누어 그림 속에 가두어 버렸다.

양양이는 왼쪽 그림에 갇혔는데, 하늘에서 갖가지 색깔의 우산들이 내려와 공중을 가득 채웠다.

왼쪽 그림에 갇힌 수사 요정들은 검은 안개가 몰고 온 바람에 날려 어디선가 나타난 투명한 수정 구슬 속에 갇혔다. 양양이는 커다란 수정 구슬을 깨려고 노력했지만 깰 수가 없었다.

하늘을 떠다니며 수사 요정들을 구할 방법을 찾았지만, 투명한 액자인데도 밖이 보이지 않았다. 발을 동동거리며 시간을 보낼 수밖에 없었다.

그런데 방금 전 공중에 작은 손바닥 모양이 나타났다 사라지는 것을 보았다. 그리로 날아가 몸을 부딪쳤지만, 그림 바

밖으로 나갈 수가 없었다. 그래도 외부에서 누군가가 그림을 알아보고 만졌다는 것에 기대를 품었다.

잠시 후, 랑이 일행이 그림 안으로 들어왔고 이렇게 만나게 되었다고 했다.

양양이의 이야기를 듣고 루미가 양양이의 몸을 날개로 토닥이며 말했다.

"산이, 달리가 수사마을도 구해줄 거야. 이미 명사마을과 대명사마을까지 구했는걸?"

양양이는 이 말을 듣고 달리와 산이를 바라보며 눈을 반짝였다.

"양양아, 어서 우릴 수사 요정들에게 데려다 줘."

랑이가 양양이에게 재촉했다. 양양이는 하늘에서 네 발을 야무지게 흔들며 앞장섰다. 산이와 달리도 마치 개구리가 수영을 하는 것처럼 팔과 다리를 모았다가 펴며 뒤따랐다. 하늘에서 날아 보니 금방 익숙해져 빠르게 날 수 있었다.

일행은 멀지 않은 곳에 있던 수정 구슬에 도착했다. 구슬은 땅에서 그리 높지 않은 높이에 떠 있었다. 구슬 안에는 여러 수사 요정들이 오들오들 떨며 서로 안고 있었다.

양양이가 밖에서 힘껏 외쳤다.

"수사 요정들아, 이제 괜찮아. 우리를 구하러 친구들이 와 주었어!"

양양이의 말에 수사 요정들이 앞으로 모여들었다.

수정 구슬 속 고유어 양수사 요정들   57

모두 곧 나갈 수 있다는 기대에 눈을 반짝였다.

산이, 달리, 랑이, 루미, 삼덕이는 수사 요정들에게 손을 흔들어 주었다.

이어 곧장 수정 구슬을 빙빙 둘러보았다.

"산아, 여기 문이 있어!"

오른쪽을 살펴보던 달리가 말했다.

모두 달리에게 갔다. 과연 거기에 문이 있었다.

그런데 문에 공책 크기의 퍼즐 판이 붙어 있었다. 그림은 없었고 빈 퍼즐만 있었다.

달리가 문 앞에 달린 퍼즐 판을 떼 내자 글자가 나타났다.

> 우산에 달린 숫자를 모아 조각 퍼즐을 완성하면 다음 단계로 나아갈 수 있습니다.

"일단 우산에 달린 조각을 모아 오자. 달리야, 퍼즐 판을 잘 간직해 줘."

"산아, 걱정 마. 퍼즐 판은 여기 가방에 잘 넣어두면 돼."

"그래, 이제 우산에 달린 조각을 모아 오자."

모두 흩어져 공중에 둥둥 떠 있는 우산들로 향했다. 정말 우산 손잡이에는 서로 모양이 다른 조각이 하나씩 달려 있었다. 조각에는 모두 숫자가 쓰여 있었다. 우산에 달린 조각을 열심히 떼어 모았다.

조각을 들고 달리에게 갔다. 달리는 조각들을 가방 안에 잘 넣었다. 가방 안에 있던 반딧불이 요정들이 조각들을 보호하듯 감쌌다.

조각을 어느 정도 모았을 때 산이가 모두를 불러 모았다.

"잠깐, 이제 맞춰 보자! 달리야, 조각과 퍼즐 판을 꺼내 봐."

"응."

산이 말에 달리가 가방에서 조각과 퍼즐 판을 꺼냈다.

모아 온 조각엔 다음과 같은 숫자들이 적혀 있었다.

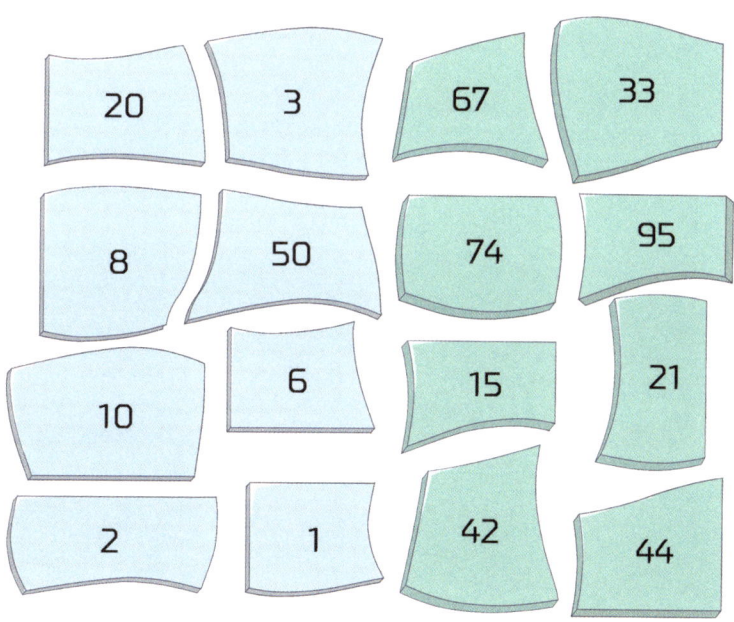

"자, 판에 조각을 맞춰 볼게. 먼저 1."

달리가 퍼즐 판과 '1' 조각을 양손에 들었다. 모두 퍼즐 판에서 '1' 조각 모양에 맞는 부분을 찾았다.

"왼쪽 모서리에 맞춰 봐, 달리야."

"왼쪽 위? 알았어."

산이가 말한 대로 달리가 '1' 조각을 왼쪽 모서리에 붙였다.

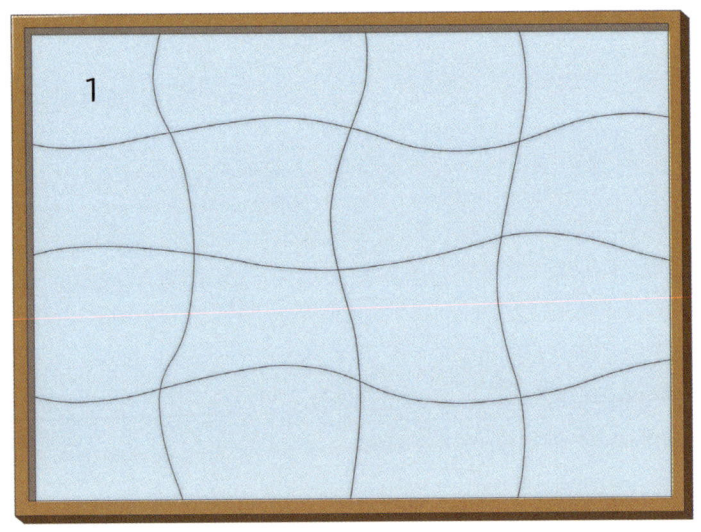

"오, 맞았어. 산아, 조각이 맞으니까 판에서 조각이 안 떨어져."

달리가 퍼즐 판을 흔들어 보였다.

"다른 것도 얼른 찾아보자. 여기 '2'는 위쪽 중간이 맞을 것 같은데?"

랑이가 눈을 빛내며 퍼즐 판에 '2'를 갖다 댔다.

랑이가 말한 부분에 '2' 조각이 딱 붙었다. 모아 온 조각들을 모두 퍼즐 판에 맞추어 보았다. 그런데 모든 조각이 다 맞지는 않았다. 모아 온 조각 중 퍼즐 판에 맞지 않는 조각도 있었다.

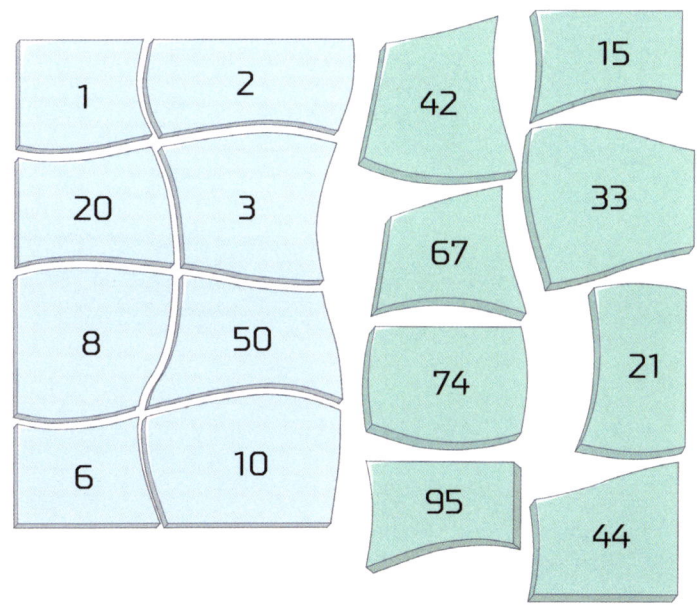

"퍼즐 판에 맞는 조각도 있고 맞지 않는 조각도 있어. 퍼즐 판에 맞는 조각만 필요해."

달리가 퍼즐 조각과 퍼즐 판을 보며 말했다.

"퍼즐 판에 맞는 숫자 조각들의 규칙을 알아내야 해."

산이가 조각들을 보며 말했다. 모두 조각들을 유심히 보았다. 얼마 후 달리가 손뼉을 짝 치며 말했다.

"아, 알았어. 산아. '1, 2, 3, 6, 8' 모두 퍼즐 판에 맞았다면 1부터 10까지 숫자는 모두 맞는 거야. 그치? 그리고 '10, 20, 50'이 맞으니까 이제 나머지 '30, 40, 60, 70, 80, 90'을 찾으면 돼."

모두 달리 말을 듣고 퍼즐 판을 다시 보았다.

"오, 그럴 듯해. 그럼 이제 모두 우산에서 '4, 5, 7, 9, 30, 40, 60, 70, 80, 90'을 찾아오자. 잘했어, 달리야."

달리는 산이의 칭찬에 뽐내듯 말했다.

"당연하지, 천재 달리 님이신데!"

모두 하늘을 '슝~' 날아 필요한 숫자 조각을 모두 모았다.

달리가 퍼즐 판에 모든 숫자 조각을 맞추는 순간, 퍼즐 판 아래에서 덜컥 소리가 났다. 그러고는 퍼즐 판과 같은 크기의 전자기기가 퍼즐 판 오른쪽으로 스르르 펼쳐졌다. 그 기기에는 다음과 같은 임무가 적혀 있었다.

> 찾은 숫자들에 맞는
> 고유어 양수사 이름을 쓰세요.
> 양수사는 수량을 셀 때 쓰는 수사입니다.

그리고 글자는 다시 조각에 있는 숫자들로 바뀌었다.

숫자	고유어 양수사	숫자	고유어 양수사
1		10	
2		20	
3		30	
4		40	
5		50	
6		60	
7		70	
8		80	
9		90	

"수량을 셀 때 쓰는 말이고, 고유어라······."

"산아, 어렵지 않지. 자, '1'은 '일'이라고 적고 '2'는 '이', '3' 은 '삼'······."

달리가 전자기기에 '일', '이', '삼' 글자를 적었다.

그러자 매끈하던 면에 '빠직' 금이 갔다. '일', '이', '삼'이 적힌 부분이었다.

"아, 아닌가 봐! 히융~"

달리가 이상한 소리를 내며 얼굴을 찡그렸다.

"음······."

"아, 고유어지! 그러면 '하나', '둘', '셋'이야. '일', '이', '삼' 은 한자어고!"

달리가 다시 '하나', '둘', '셋' 고유어 양수사 이름을 차례차례 적어 나갔다. 고유어 양수사 이름을 적으니 화면이 다시 나타났다.

숫자	고유어 양수사
1	하나
2	둘
3	셋
4	넷
5	다섯
6	여섯
7	일곱
8	여덟
9	아홉
10	열
20	스물

'20'에 '스물'을 적었고, '30'에 맞는 이름을 쓸 차례였다.

'쿠르릉' 갑자기 하늘에서 천둥이 치며 똑똑 비가 떨어지기 시작했다.

"어? 비가 오는데? 우산을 하나씩 잡아야겠어."

산이가 다른 이들을 보며 말했다. 모두가 우산을 잡으러 날아가려 할 때였다. 수천 개의 우산들이 '착', '착', '착' 소리를 내며 접혔다.

'착', '착', '착', '착'. 마치 병정들이 전투를 앞두고 한 발을 다른 발에 부딪치는 소리와도 같았다. 하늘은 우산 접히는 소리로 가득 찼다.

"우산들이 접히고 있어! 뭐지?"

빗줄기는 더욱 거세어져 갔다. 비가 오는데 우산이 접히는 모습에 어리둥절하고 있을 때였다. 접힌 우산들이 일제히 방향을 바꾸어 산이 일행 쪽으로 날아왔다.

"뾰족해진 우산들이 날아오고 있어! 모두 피해!"

랑이 말에 모두 몸을 돌려 날아갔다. 산이와 달리 모두 휙, 휙 방향을 바꿔가며 빠르게 날았다. 얼굴에 부딪치는 거센 비가 너무나 아팠지만, 방향을 바꾸어 날아가지 않는다면 우산에 찔릴 것만 같았다.

산이가 뒤를 돌아보았다. 산이와 달리 뒤에서 랑이, 양양이, 루미가 날아오는 우산들을 쳐서 방향을 바꾸고 있었다. 하지만 더 많은 우산들이 날아들고 있었다.

"산아, 달리야, 우리가 너희를 따라가면서 우산을 막을게. 구슬 아래로 어서 가!"

'그래, 커다란 구슬 뒤로 가면 우산을 피할 수 있어.'

랑이 말을 듣고 산이와 달리는 구슬 쪽으로 방향을 틀었다. 순간 하늘에서 폭포와 같은 물줄기가 산이와 달리 등 위로 쏟아졌다. 몇몇 우산들이 자신들을 거꾸로 펼쳐 빗물을 담아 한꺼번에 쏟았다.

'촥!'

"조심해!"

랑이가 크게 외쳤지만 달리와 산이는 물 공격을 정통으로 맞았다.

"헉!"

거센 물줄기는 너무나 아팠다. 온몸이 휘청거렸다.

온몸이 물에 젖어 무거웠지만, 우산을 피하려면 서둘러 날아가는 방법밖에 없었다. 우산들은 쉼 없이 공격했다.

'촤악'

'촤아악'

세찬 물줄기는 달리와 산이 앞을 자꾸만 막았다.

'슉슉' 뾰족한 우산들도 옆으로 지나갔다.

"아악!"

비명이 들려왔다. 비명 소리에 산이, 달리도 멈추었다.

루미였다. 루미의 오른쪽 날개에 우산이 꽂혀 루미가 추락하고 있었다.

"루미야! 아, 어떡해."

달리가 루미를 보며 안타까운 탄식을 내뱉었다.

"루미는 우리가 구할게, 너희는 어서 가서 답을 써!"

랑이와 양양이가 떨어지는 루미 쪽으로 날아갔다.

"그래, 달리야, 답을 적는 게 우선이야."

힘을 주어 말하는 산이 눈에도 눈물이 가득했다. 달리와 산이는 눈물을 참으며 날아갔다. 날아오는 우산이 옷깃을 몇 번 스쳤지만 다행히 수정 구슬 아래로 올 수 있었다.

"어서 답을 쓰자."

달리와 산이는 남은 칸을 채우기 시작했다.

'30'은 '서른', '40'은 '마흔', '50'은 '쉰', '60'은 '예순', '70'은 '일흔', '80'은 '여든', '90'은 '아흔'.

"다 썼어."

달리가 답을 다 쓴 후 고개를 들었다. 세찬 빗줄기에 눈을 제대로 뜰 수도 없었다. 빗소리도 더욱 커져 크게 외치지 않으면, 바로 옆 사람에게도 들리지 않을 정도였다.

산이가 크게 외쳤다.

"아까 문에서 퍼즐 판을 떼어낸 곳에 붙이면 될 거야."

수정 구슬에 있는 문 쪽으로 갔다.

'슈욱, 푹'

우산이 날아오며 땅에 꽂혔다.

구슬은 단단했다. '팅', '팅', '팅', 수정 구슬에 부딪쳐 튕기는 우산들도 많았다.

"여기야!"

달리가 문에 고유어 양수사를 모두 쓴 판을 힘껏 붙였다.

그러자 빛이 뿜어져 나오며 문이 열렸다.

  그 순간 요정들을 가두었던 크고 단단한 구슬이 투명한 물처럼 스르르 사라졌다. 땅에 꽂힌 우산들, 세찬 빗줄기도 서서히 지워졌다. 온몸을 축축하게 하던 빗물 흔적도 모두 사라졌다.

  "와아아!"

해방된 수사 요정들이 기쁨에 환호했다.

"루미! 루미를 봐야 해!"

산이와 달리는 요정들과 같이 기뻐할 틈이 없었다. 산이와 달리는 루미가 떨어졌을 것 같은 곳으로 달려갔다. 멀지 않은 곳에서 이쪽으로 오고 있는 루미, 랑이, 양양이가 보였다. 루미가 양양이 등 위에서 오른쪽 날개를 늘어뜨린 채 엎어져 있었다.

랑이는 양양이 왼쪽에서 루미의 날개를 잡고 함께 걸었다.

"루미야!"

산이와 달리가 루미를 향해 달려갔다.

루미가 달리와 산이를 보고는 일어나 목을 곧게 들고 말했다.

"산아, 달리야. 난 괜찮아. 이 정도 상처는 금방 나아. 나도 신수야. 대명사마을 신수는 이 정도에 쓰러지지 않아!"

루미가 가슴을 부풀리며 앞으로 내밀었다. 일부러 쾌활하게 말하는 루미를 보고 산이와 달리는 더욱 가슴이 아팠다. 하지만 위로하는 말보다 칭찬해 주는 말이 필요할 것 같았다.

"그럼, 루미는 우리를 공격하는 우산을 막아준 은인인걸. 그렇지 달리야."

"맞아. 루미는 우리 영웅이야. 루미야, 정말 고마워."

달리가 루미의 목을 꽉 안았다.

"달리야, 캑, 알았어, 캑. 목 좀, 목 좀 놔줘."

"아, 미안, 미안해."

달리는 루미 목에 감은 팔을 얼른 풀었다.

이 모습을 보고 모두 안심하며 웃었다. 어느새 수사 요정들이 이들 주변을 에워쌌다.

'하나' 요정이 대표로 나와 인사했다.

"정말 고마워요. 우리 고유어 양수사 요정들 모두 여러분 덕분에 그림에서 해방될 수 있었어요."

랑이가 '하나' 요정에게 물었다.

"그럼, 혹시 나머지 두 액자에 어떤 수사들이 갇혔는지 알고 있어?"

"여기 공장 그림에는 고유어 서수사 요정들이 갇혀 있고, 오른쪽 수묵화에는 한자어 양수사와 서수사 요정들이 갇혀 있어요. 그런데 이렇게 루미 님도 다치셨는데 어쩌죠?"

'하나' 요정이 난감한 표정을 지었다.

루미가 양양이 등에서 훌쩍 뛰어 내려와 말했다.

"음, 이 친구들은 나 없이도 임무를 잘 해낼 수 있어. 나도 같이 가고 싶지만, 지금 상태로는 날 수가 없고 방해만 될 뿐이야. 랑이, 양양이! 달리와 산이를 안내해 줄 수 있지?"

"당연하지."

랑이의 시원한 답말에 루미가 말을 이었다.

"그럼, 나는 이만 대명사마을로 갈게. 대명사마을은 여기에서 멀지 않으니까 걸어서도 충분히 갈 수 있어. 랑아, 양양아! 달리와 산이, 삼덕이를 부탁해."

"우리 고유어 양수사 요정들이 루미 님과 함께 갈게요."

'하나' 요정이 루미를 부축하며 말했다.

"그래. 함께 가면 외롭지 않을 거야. 내 걱정은 마. 너희는 어서 다른 수사 요정들을 구해. 아직 검은 안개는 물러가지 않았어."

루미가 모두에게 임무를 다시 떠올리게 했다.

랑이가 루미를 보며 다짐하듯 말했다.

"그래, 우리는 우리 일에 최선을 다할게. 루미, 너는 회복에 온힘을 기울여. 수사 요정들을 모두 구하고 나서 다시 만나자. 얘들아, 어서 다음 그림으로 가자."

루미는 대명사마을로 떠나고 남은 일행은 가운데 그림 앞으로 갔다.

산이가 가운데 그림을 힘껏 돌렸다. 이 액자 뒤에도 임무가 적혀 있었다.

'수사'가 들어간 '속담' 하나를 말해 보세요.

"하나를 보면 열을 안다."
머뭇거릴 시간이 없었다. 산이가 바로 말했다.
할머니가 자주 말씀하시던 속담이었다.
수사가 들어간 속담을 말하자 액자 뒷면에 빛이 가득한 문이 생겼다. 모두 주먹을 꽉 쥐고 문을 넘었다.

- **허둥대다** 어찌할 줄을 몰라 갈팡질팡하며 다급하게 서두른다는 말이에요.
- **모서리** 물체의 모가 진 가장자리를 말해요.
- **매끈하다** 흠이나 거친 데가 없이 부드럽고 반드러운 상태를 말해요.
- **어리둥절하다** 무슨 일인지 잘 몰라서 얼떨떨한 상태를 말해요.
- **탄식** 한탄하여 한숨을 쉬는 것을 말해요.
- **우선** 다른 것에 앞서는 것을 말해요.
- **환호하다** 기뻐서 큰 소리로 부르짖는다는 말이에요.
- **쾌활하다** 명랑하고 활발하다는 말이에요.
- **해방** 부담스러웠던 것이나 가두었던 것에서 벗어나게 하는 것을 말해요.
- **난감하다** 이렇게 하기도 저렇게 하기도 어려워하는 상태를 말해요.
- **다짐하다** 마음이나 뜻을 굳게 가다듬어 정한다는 말이에요.
- **부축하다** 겨드랑이를 붙잡아 걷는 것을 돕는다는 말이에요.

6장
고유어 서수사와 쿠키 공장

다행히 가운데 그림 속 세상은 공중이 아니었다. 달콤한 냄새와 함께 연한 갈색, 노란색, 검은색 그리고 알록달록한 빛이 가득한 쿠키 공장이었다. 커다랗고 투명한 원통 세 개가 눈에 띄었다.

거기에는 쿠키 반죽이 들어 있는 듯했다. 세 원통에 각각 쌀, 귀리, 밀가루라고 적혀 있었기 때문이었다. 그 아래에는 쿠키 모양을 찍는 기계가 있었다.

쿠키 모양 틀은 하트, 동그라미, 네모, 세모 등 다양했다.

가운데에도 역시 커다란 기계가 세 개 있었는데 검은 통에는 초콜릿이, 갈색 통에는 아몬드가, 노란 통에는 땅콩이 담겨 있었다. 쿠키 위에 올려 맛을 내는 재료였다. 안쪽에는 커다란 오븐이 있었다. 반죽이 완성되면 안쪽에 있는 커다란 오븐에서 구워지고, 구워진 쿠키는 앞쪽으로 나오게 되어 있었다.

한쪽에는 알록달록한 상자가 나오는 기계가 있었다. 기계 끝에는 팔과 손이 있는 로봇이 리본을 묶고 있었다. 기계 옆에는 초코쿠키, 딸기쿠키, 땅콩쿠키가 상자에 담겨 가득 쌓여 있었다.

'꼬르륵'

'꼬르르륵'

달리와 산이 배에서 동시에 천둥소리가 들려왔다. 쿠키를 보니 배고픔이 찾아왔다.

"너도야?"

달리가 산이를 보며 말했다. 달리와 산이는 쿠키 상자가 쌓여 있는 곳으로 가서 상자를 열었다. 달콤한 쿠키 냄새에 콧구멍을 벌름거렸다.

달리는 초코쿠키를 한 입 베어 물었다. 초콜릿과 쿠키가 입 안에서 스르르 녹는 듯했다. 산이도 상자를 열었다. 고소한 땅콩쿠키였다. 배고플 때 먹으니 더욱 맛있었다. 둘은 상자에 얼굴을 묻고 와삭와삭 쿠키를 먹었다.

랑이와 양양이는 공장을 돌아다니며 수사 요정들을 찾아다녔다. 수사 요정들은 공장에 없었다. 랑이는 공장 밖으로 나가야 하나 고민을 했다.

산이와 달리를 보고 함께 찾자고 말하려는데, 쿠키를 마구 먹는 모습이 안쓰러워 양양이와 둘이 공장을 나가는 문을 찾았다.

상자가 나오는 기계 오른쪽에 출구가 있었다. 아마도 쿠키 상자가 나가는 곳인 듯했다. 랑이와 양양이는 그 출구로 나왔다. 거기에는 쿠키를 파는 카페가 있었다.

리본으로 장식된 하늘색과 분홍색 천막이 해를 가려 주었고, 연두색 장식장엔 예쁜 접시에 담긴 쿠키가 맛깔스럽게 전시되어 있었다. 그 옆에 큰 통 안에는 무지개색 막대사탕이 가득했다.

고유어 서수사 요정들이 카페에 앉아 쿠키를 먹고 있었다.

마구 먹는 모습이 달리, 산이와 똑같았다.

"수사 요정들아, 양양이가 왔어."

양양이가 인사를 했지만, 요정들은 인사도 하지 않고 쿠키만 먹었다.

"뭔가 좀 이상해. 잠깐! 달리, 산이가 위험해."

양양이와 랑이가 쿠키 공장으로 다시 들어갔다. 달리와 산이는 계속 상자를 열어 쿠키를 집어 먹고 있었다. 랑이와 양양이가 달리와 산이 손에서 쿠키 상자를 빼앗아 버렸다.

"뭐하는 거야?"

달리가 버럭 화를 내며 말했다.

"이리 내!"

산이가 랑이 손에서 쿠키 상자를 빼앗으려 했다.

"양양아, 리본을 가져 와!"

양양이는 쿠키 상자를 포장하던 리본을 가져왔다.

"이걸로 달리와 산이를 묶자."

랑이와 양양이가 달리와 산이를 가운데 두고 빨리 돌며 리본으로 묶었다.

"왜 이래?"

"답답해. 풀어 줘!"

산이와 달리가 묶인 몸을 흔들며 화를 냈다.

"우리가 누구야?"

산이와 달리에게 랑이가 물었다.

"너희가 누군데? 어서 풀기나 해!"

달리가 입을 삐쭉이며 화를 냈다.

"쿠키를 돌려 줘. 나는 네가 누군지 몰라."

산이는 억울한 듯한 말투로 말했다.

"역시 이 쿠키는 기억을 뺏는 쿠키야. 지금 산이와 달리는 자신이 누구인지도 모를 거야. 쿠키를 못 먹게 했어야 했는데……."

랑이가 양양이에게 한탄했다.

"아, 그래서 지금 수사 요정들도 쿠키만 먹고 있는 거구나.

완전히 기억을 잃어버려서."

"응, 이걸 어쩌지? 어떻게 해야 정신이 돌아올까?"

랑이와 양양이는 막막했다.

수사 요정들을 구할 방법도 찾지 못했는데, 달리와 산이마저 그림 속에 갇혀 버리게 되었다. 영영 이곳을 나가지 못하게 되면 어떡하나 하는 걱정도 되었다. 그때 '툭' 삼덕이가 리본 사이로 간신히 산이 주머니에서 빠져 나왔다.

"랑이 님, 양양이 님."

삼덕이가 열심히 랑이와 양양이를 불렀다.

"아, 삼덕아. 왜?"

랑이가 삼덕이를 보며 물었다.

"이거요, 제 뿌리 일부인데 이걸 먹여 보세요. 정신이 돌아올 거예요."

삼덕이가 랑이에게 실 같은 제 뿌리 일부를 내밀었다.

"제 뿌리는 검은 안개에 오염되었다가 명사마을에서 정화되었어요. 신성한 국어나라 숲에서 자란 인삼은 병을 낫게 할 수 있다고 할머니께 들었어요."

랑이는 삼덕이 말대로 삼덕이가 준 뿌리를 달리와 산이에

게 먹였다. 쿠키 조각에 얹어 주니 바로 받아먹었다. '꿀꺽' 삼키는 소리가 들렸다. 랑이, 양양이, 삼덕이는 숨을 죽이고 달리와 산이를 바라보았다.

"어? 랑아, 양양아. 이게 뭐야? 왜 우리를 묶어 놨어?"

"하아."

달리가 어리둥절해 하자 말에 랑이와 양양이, 삼덕이가 안도의 한숨을 내뱉었다.

"괜찮아, 이제 됐어. 깨어났어."

랑이와 양양이가 달리와 산이 몸에 묶인 리본을 풀었다.

"랑아, 어떻게 된 거야?"

산이가 삼덕이를 손 위에 올려 놓으며 랑이에게 물었다.

"큰일 날 뻔했어. 너희 둘이 쿠키를 먹어서 기억이 사라져 버렸어. 그런데 삼덕이가 너희 머리를 맑게 해 주었어. 삼덕이 뿌리가 있어서 다행이야."

"아, 그런 일이 있었구나. 삼덕아, 고마워."

산이가 삼덕이 볼에 얼굴을 비비자 삼덕이가 말했다.

"이제 절대 쿠키를 먹으면 안 돼요."

"그럼, 정신도 돌아왔으니까 수사 요정들을 구하는 방법을 알아보자. 여기 공장에는 임무를 알려주는 것이 없었어. 카페로 나가야 해."

랑이 말대로 넷은 카페로 나왔다. 카페에는 여전히 수사 요정들이 우걱우걱 쿠키를 먹고 있었다.

"저들 모두에게 삼덕이 뿌리를 먹일 수는 없어. 삼덕이는 작으니까. 그러니까 임무를 수행해서 마법을 없애야 해."

랑이가 모두에게 말했다.

모두 카페를 샅샅이 뒤졌다.

"모두 여기로!"

달리가 키오스크 앞으로 불렀다.

"이거야, 이걸 누르면 임무를 알 수 있어."

달리가 자신있게 키오스크를 눌렀다.

키오스크 화면이 바뀌며 다음과 같은 내용이 나타났다.

달리가 '예'를 눌렀다. 화면이 바뀌었다.

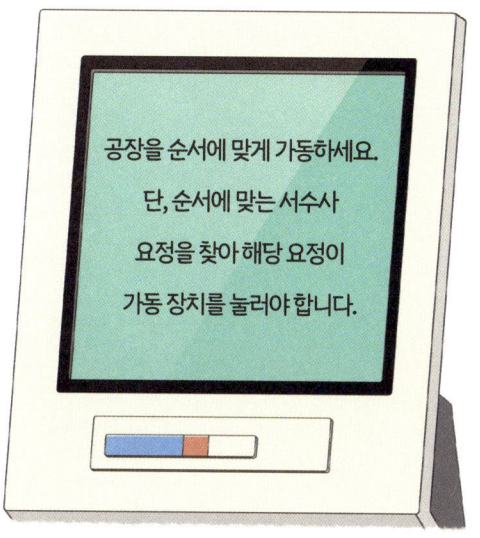

"요정을 데리고 가서 순서대로 공장을 가동해야 해."

키오스크 화면을 보지 못한 랑이에게 산이가 말해 주었다.

"산아, 순서에 맞게 장치를 가동하려면 먼저, '첫째' 요정을 데려가야 해."

달리가 산이에게 말했다.

"맞아, 달리야. '첫째' 요정을 데리고 가서 '첫째' 기계 가동 장치를 눌러야 해. 랑아, 양양아, '첫째' 요정을 찾아 공장으로 데려와 줘. 우리는 기계의 가동 순서를 알아볼게."

달리와 산이는 공장으로 들어가 첫째로 가동할 기계를 찾았다.

'음식을 만들 때 재료부터 준비해야 하니까 반죽 기계가 첫째일 거야.'

"산아, 반죽 기계가 첫째야."

"응."

산이와 달리는 반죽 기계로 갔다. 세 원통이 달린 반죽 기계 아래쪽에 전원 장치가 있었다.

"이거야, 이걸 누르면 돼."

"자, 그러면 달리야, 반죽을 한 다음에 반죽이 적당한 크기로 끊겨서 나올 거야."

산이가 쿠키 모양 틀이 달린 기계로 달려갔다.

"여기에서 쿠키 모양을 만드는 거야. 이게 둘째야."

둘째로 눌러야 할 기계의 전원 장치까지 찾았을 때 랑이와 양양이가 힘겹게 '첫째' 요정을 데려왔다. '첫째' 요정은 손에서 쿠키를 놓지 못하고 있었다.

"쿠키를 먹어서 너무 무거워."

"랑아, 여기야! 이 장치를 누르면 돼."

달리가 손짓했다. 랑이랑 양양이가 낑낑대며 '첫째' 요정을 기계 쪽으로 끌었다.

랑이가 '첫째' 요정에게서 쿠키를 빼앗으며 말했다.

"이 장치를 누르면 쿠키를 돌려줄게."

'첫째' 요정이 이 말을 듣고 랑이가 가리키는 반죽 기계 장치를 꾹 눌렀다.

전원이 들어오고 반죽 통 안에서 반죽을 섞는 날이 돌돌돌 돌아갔다.

"자, 이제 둘째야!"

랑이와 양양이가 '둘째' 요정을 데리러 카페로 갔다.

"우리는 둘째까지 찾았고, 그다음은 쿠키 모양이 만들어지고 오븐으로 들어가는 건가?"

산이가 달리에게 물었다.

"아니야, 엄마가 쿠키 만들 때 봤는데 반죽에 뽁뽁 초콜릿이랑 땅콩 같은 걸 꽂아 넣었어. 그러니까 여기 초콜릿, 아몬드, 땅콩을 꽂는 기계가 셋째야."

"와, 달리야. 관찰력이 좋구나. 그럼, 이 재료들이 쿠키 반죽 위에 뿌려진 다음에 오븐에 들어가는 거네. 여기 안쪽 오븐이 넷째."

"맞아. 그리고 다 구워진 쿠키가 이리로 나오면 여기서 상자에 담겨 카페로 옮겨지는 거야. 그러니까 상자 기계가 '다섯째'야."

"달리야, 리본! 리본을 묶어주는 기계도 있었어. 여기 팔과 손이 있는 기계!"

"와, 놓칠 뻔했다. 그럼 그게 '여섯째'로 마지막이야!"

달리와 산이가 폴짝 뛰며 공중에서 서로의 손바닥을 쳤다.

이어 랑이와 양양이가 '둘째' 요정을 데려왔다. '둘째' 요정도 쿠키를 잔뜩 먹어 배가 불룩해 있었다. 입 주변은 쿠키 부스러기가 잔뜩 묻어 있었다.

랑이가 산이에게 안내를 받아 '둘째' 요정이 쿠키 모양 틀 기계의 전원 장치를 누르게 했다. 쿠키 모양 틀 기계도 딱딱 소리를 내며 반죽에 모양을 찍었다.

'셋째' 요정을 데려와 쿠키 위에 재료를 뿌리는 기계의 전원을 켜게 하고, '넷째' 요정에게 오븐 전원을 켜게 했다. '다섯째', '여섯째' 요정도 데려와 상자 생산 기계와 리본 묶는 기계의 전원 장치를 누르게 했다.

마지막까지 성공하자 부웅 소리를 내며 움직이던 기계들이 스르르 사라졌다. 쿠키도 예쁜 카페도 사라졌다. 카페 의자에 앉아 쿠키를 먹던 요정들은 의자가 사라지자 엉덩방아를 찧었다.

'첫째', '둘째', '셋째' …… '열한째', '열두째'……. 고유어 서수사 요정들도 마법에서 풀렸다.

"이, 이게, 그러니까, 어떻게……."

고유어 서수사 요정들이 자신들의 상황을 의아해했다. 그때 양양이가 요정들 앞에 나섰다.

"그러니까,"

양양이가 말을 시작하자 양양이를 알아 본 요정들이 양양이를 반갑게 불렀다.

"양양이 님!"

"양양이 님이다."

"양양이 님이야!"

양양이를 얼싸안으려 했다. 양양이가 '메에에에' 하며 물러가라는 소리를 내자 조용해졌다.

"그러니까 여기 랑이, 산이, 달리 그리고 삼덕이가 우리 수사마을을 구하려고 왔어. 너희는 쿠키를 먹고 기억을 잃어버렸다가 공장이 사라지자 기억이 돌아온 거야."

양양이 말을 듣고 고유어 서수사들이 산이, 달리, 랑이, 삼덕이에게 고맙다는 말을 전했다. 요정들은 기뻐하며 춤을 추었다.

"잠깐!"

랑이가 춤을 추던 요정들을 멈추게 했다.

"아직 하나가 더 남았잖아."

랑이의 말에 모두 수묵화 액자를 바라보았다. 수묵화 속 강물이 일렁이는 듯한 느낌이 들었다.

"이제 마지막이야. 한자어 서수사, 양수사 요정들만 구하면 수사마을은 완전히 평화를 찾을 거야."

랑이 말을 듣고 산이, 달리, 삼덕이, 양양이가 고개를 끄덕였다. 이제 체언도시에 남은 마지막 임무였다. 달리가 수묵화 액자를 힘껏 돌렸다. 뒷면에는 이렇게 쓰여 있었다.

성씨를 뺀 여러분 이름을 가나다 순서대로 쓰고 순서에 맞게 고유어 서수사를 외쳐 주세요.

"우리 이름을 가다나 순서대로 써야 해. 누가 첫째지?"

달리가 뒷면에 글을 쓸 준비를 하며 물었다.

"달리가 첫째야, 둘째는 랑이, 셋째는……."

"산이, 네 이름이야. 삼덕이는 받침이 'ㅁ'이라서 'ㄴ'보다 뒤니까 넷째. 그리고 마지막은 바로 양양이. 자, 이제 순서대로 고유어 서수사를 외치자고. 나 먼저 '첫째!'"

달리를 시작으로 양양이가 '다섯째'라고 외치자 빛을 내며 문이 열렸다. 산이가 모두를 보며 말했다.

"자, 이제 끝을 내러 가자."

어휘 창고

- **띄다** 눈에 보인다는 뜻인 '뜨이다'가 줄어든 말이에요.
- **안쓰럽다** 자신보다 약한 사람의 불쌍한 형편을 아프고 가엽게 여기는 마음이에요.
- **맛깔스럽다** 입에 당길 만큼 음식의 맛이 있는 상태를 말해요.
- **삐쭉이다** 비웃거나 마음에 안 들거나 울려고 할 때 소리 없이 입을 내밀고 실룩이는 것을 말해요.
- **막막하다** 꽉 막힌 듯이 답답하다는 말이에요.
- **샅샅이** '빈틈없이 모조리'라는 말이에요.
- **가동하다** 사람이나 기계 따위가 움직여 일한다는 말이에요.
- **부스러기** 잘게 부스러진 물건을 말해요.
- **의아하다** 의심스럽고 이상하다는 말이에요.

◉ 여러분은 요리를 만들어 본 적이 있나요? 순서대로 요리법을 말해 봐요.

7장
재앙을 물리치는 피리, 만파식적

문 안으로 들어갔다. '휘청', 랑이가 흔들리는 산이를 잡으며 말했다.

"어어어."

"조심해!"

산이와 일행은 뒤엉켜 아래로 떨어졌다. 일행이 떨어진 곳은 좁은 배였다. 달리와 산이가 물에 떨어지지 않으려고 팔을 움직이며 균형을 잡았다. 조금 후에야 배가 흔들리지 않게 되었다. 모두가 안도의 숨을 쉬었을 때 배가 스르륵 움직이기 시작했다.

"배가 움직여. 모두 배 가장자리를 잘 잡고 있어."

물살에 흘러가는 배에서 떨어지지 않도록 랑이가 단단히 일렀다.

처음에는 배가 천천히 흘러가더니 점점 물살이 거세져 빠르게 흘러갔다. 출렁출렁 세찬 물결에 배가 올라갔다 내려오기를 반복했다. '쏴아' 물결에 부딪친 배가 만들어내는 물 폭탄에 모두가 흠뻑 젖었다.

물살은 점점 거세져만 갔다. 여기저기 부딪칠 때는 모두의 몸이 붕 뜨기도 했다.

"잘 잡아! 이제 절벽이야!"

계곡을 지나던 배는 어느덧 절벽까지 다다랐다. 뒤이어 부딪쳐 오는 세찬 물결에 배는 폭포 아래로 떨어졌다.

"으아아!"

"엄마아아아!"

죽을 수도 있다는 공포에 산이와 달리는 소리를 칠 수밖에 없었다. 배 가장자리를 꼭 잡고 눈을 질끈 감았다.

'첨벙' 배가 폭포 아래로 떨어지는 소리가 났다. 그리고 잠시 뒤, 고요함이 찾아왔다. 산이는 감았던 눈을 슬며시 떴다. 흐르는 물 양쪽으로 빼곡하게 들어찬 소나무와 잣나무 숲이 보였다. 루미를 닮은 학이 날아다니고 새들이 지저귀는 소리가 들렸다.

'여기는 천국인가?'

산이가 멍하게 주변을 두리번거리는데 랑이가 산이 눈앞에서 손뼉을 딱 쳤다.

"산아, 정신 차려. 여긴 그림 속이야. 홀리면 안 돼."

랑이 말에 산이가 고개를 흔들며 정신을 차렸다. 이윽고 배가 어느 강변에서 멈추었다. 모두가 내려 산을 오르기 시작했다. 얼마 가지 않아 이정표가 나타났다. 나무로 된 화살표였다. 화살표를 따라 올라가니 크고 작은 한옥이 모여 있는 곳이 나왔다.

"서원이군."

랑이가 말했다.

"서원이 뭐야?"

달리가 랑이에게 물었다.

"응, 서원(書院)은 옛날에 선비들이 모여 공부도 하고 학문적 업적을 이룬 사람들을 기리기도 한 곳이야. 여기를 수색해 보자. 그림을 파괴할 방법을 찾을 수 있을 거야."

모두 흩어져서 서원의 건물과 방을 수색했다.

"여기야!"

산이가 한 방에서 모두를 불렀다.

방에 들어가니 4폭 병풍에 글자들이 새겨져 있었다.

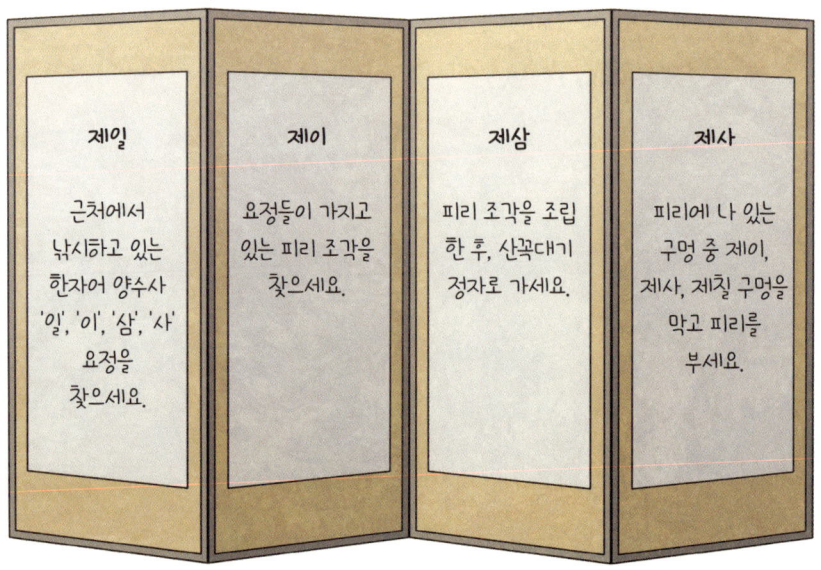

제일

근처에서 낚시하고 있는 한자어 양수사 '일', '이', '삼', '사' 요정을 찾으세요.

제이

요정들이 가지고 있는 피리 조각을 찾으세요.

제삼

피리 조각을 조립한 후, 산꼭대기 정자로 가세요.

제사

피리에 나 있는 구멍 중 제이, 제사, 제칠 구멍을 막고 피리를 부세요.

"한자어 양수사는 '일', '이', '삼', '사', '오'……. 확실히 알았어. 여기 보니까 한자어 양수사에 '제'를 붙인 말이 있어."

달리가 고개를 끄덕이며 큰 깨달음을 얻었다는 듯 말했다. 산이가 이어 말했다.

"여기서 '제일', '제이' 이건 순서 같아. 그러니까 '제일', '제이' 이런 것들은 한자어 수사 중 차례를 나타내는 서수사야. 여기에 나와 있는 순서대로 임무를 수행하면 돼."

"그럼, 먼저 '일', '이', '삼', '사' 한자어 양수사 요정부터 찾자. 요정들이 낚시하고 있다고 했으니까 강변을 따라 가면 찾을 수 있을 거야."

달리가 앞장서 산을 내려갔다. 모두가 뒤를 따라 내려가니 멀지 않은 곳에 요정들이 강에 낚싯대를 드리우고 있었다. 요정들의 가슴에 있는 '일', '이', '삼', '사' 이름이 분명하게 보였다.

"요정들아, 우리는 너희를 구하러 왔어."

달리가 살갑게 말을 건넸다.

요정들이 달리를 쳐다보았다.

"구해 주다니, 우린 여기가 좋아. 여기는 낙원이야."

'일' 요정이 달리의 말에 반박했다.

"단단히 홀려버렸군. 그래, 그럼 너희는 여기에서 계속 낚시해. 대신 너희가 가지고 있는 피리 조각을 줘."

양양이가 요정들에게 말했다.

"양양이 님. 안 돼요. 피리 조각을 주면 안 된다고 했어요."

"누가?"

"여기 강물 여신이요. 강물 여신은 우리에게 평안을 줬어요. 여신 님 말을 어기면 안 돼요."

'이' 요정이 눈에 초점 없이 중얼거렸다.

"메에에에, 너희는 그동안 너희를 보살펴 준 신수인 나보다 강물을 더 믿는다는 거야? 메에에에. 여기서 너희를 그대로 둔다면 다시 검은 안개가 퍼져 다른 수사 요정들에게도 피해가 갈 거야. 수사마을 요정들에게 피해를 줘도 괜찮다는 거야?"

"상관없어요. 우리만 좋으면 돼요. 여신 님이 그랬어요."

흐리멍덩한 눈으로 '삼' 요정이 말했다.

"에잇, 그냥 뺏어야지. 안 되겠어."

랑이와 양양이가 '삼' 요정 가슴팍에 있는 이름표를 뜯으려 했다. 이름표 안에 피리 조각이 있었기 때문이다. '삼' 요정은 이름표를 두 손으로 쥐고 뜯기지 않으려 했다.

이 모습을 보고 '일' 요정과 '이', '사' 요정이 달아나려 했다. 달리와 산이가 얼른 '일' 요정과 '이' 요정을 잡았다. '사' 요정

이 달아나는 것을 막을 수는 없었다.

"달리야, 가방을 열어. 반딧불이 요정들이 '사' 요정을 쫓아갈 거야."

랑이 말에 달리가 가방 지퍼를 한 손으로 열었다. 나머지 한 손은 '일' 요정을 단단히 잡고 있었다.

가방에서 나온 반딧불이 요정들이 '사' 요정 뒤를 따라 갔다.

랑이와 양양이가 '이' 요정의 이름표를 뜯었다. '툭' 하고 피리 조각이 떨어졌다. 이어 달리와 산이가 잡고 있던 '일' 요정과 '삼' 요정의 이름표도 뜯었다. 피리 세 조각을 얻었다.

'사' 요정이 숨은 곳은 반딧불이 요정의 안내 덕분에 금방 찾을 수 있었다. 수풀 사이에 몸을 숨기고 있었으나 반딧불이 요정들을 따돌릴 수는 없었다. '사' 요정의 이름표를 뜯어 나머지 피리 조각을 획득했다. 산이가 조각들을 연결하니 구멍이 일곱 개인 피리가 완성되었다. 피리 겉면에 '만파식적(萬波息笛)' 글자가 나타났다.

"이건 만파식적이잖아! 이 신물이 수사 요정들에게 있었다니. 양양아, 너는 알았어?"

"아니, 랑아. 나도 몰랐어. 아마 마왕이 동해 깊은 곳에 묻혀 있던 만파식적을 훔쳐서 요정들에게 숨겼나 봐. 신물이라서 자신이 가지고 있으면 상처를 입으니까."

"랑아, 양양아, 만파식적이 뭐야?"

산이가 물었다.

"응, 만파식적은 신라 때부터 내려오던 신물이야. 이걸 불면 재앙이 사라져.

상황에 따라 부는 조건이 달라지지만."

"우리는 병풍에서 부는 조건을 알아냈으니까 이제 산꼭대기로 가자. 저 홀린 요정들을 구해야지."

달리가 재촉했다. 일행은 산꼭대기로 올라갔다. 산꼭대기에는 멋진 정자가 있었다.

"자, 여기서 제이, 제사, 제칠 구멍을 막아 부르면 돼."

산이가 피리 위쪽에서부터 세어 '제이', '제사', '제칠' 구멍을 손가락으로 막았다. 그리고 입에 힘을 주고 피리를 불었다. 처음에는 '훗훗' 바람 소리만 나왔지만 몇 번 더 연습하니 '삐' 소리가 났다.

'삐이', '삐이이이이' 좀 더 길게 소리를 냈다.

그러자 날아다니던 새도 멈추고 푸르던 주변 풍경이 사라지기 시작했다. 앞 그림들처럼 서서히 지워졌다.

서원도 사라지고 산도 천천히 땅으로 사라지며 산꼭대기에 있던 랑이 일행도 땅에 안전하게 내려올 수 있었다.

한자어 양수사와 서수사들이 정신을 차리려는 듯 머리를 흔들며 나타났다.

강변에서 만났던 한자어 양수사 요정 '일', '이', '삼', '사' 가 달려와 양양이 앞에 무릎을 꿇었다.

"양양이 님, 아까는 정신을 빼앗겨서 그랬던 거예요. 죄송해요. 흑흑."

"흑흑."

"으앙."

요정들이 큰 소리로 울었다.

다른 요정들도 무릎을 꿇으며 용서를 빌었다. '일', '이', '삼' 등의 한자어 양수사 앞에 '제'를 달고 있는 많은 한자어 서수

사 요정들도 무릎을 꿇으며 반성했다.

"괜찮아. 모두 일어나. 너희 잘못이 아니야. 모두 검은 안개 때문이었어."

양양이가 한자어 양수사와 서수사 요정들을 토닥여 주었다.

- **뒤엉키다** 마구 엉킨다는 말이에요.
- **안도** 어떤 일이 잘 진행되어 마음을 놓은 것을 말해요.
- **홀리다** 무엇의 유혹에 빠져 정신을 차리지 못하는 것을 말해요.
- **이정표** 도로에서 어느 곳까지의 거리나 방향을 알려주는 표시를 말해요.
- **수색하다** 구석구석 뒤지어 찾는다는 말이에요.
- **병풍** 바람을 막거나 무엇을 가리거나 장식용으로 방 안에 치는 물건이에요. 접었다가 펼칠 수 있어요.
- **강변** 강의 가장자리에 잇닿아 있는 땅이나 그 근처를 말해요.
- **살갑다** 마음씨가 부드럽고 상냥하다는 말이에요.
- **평안** 걱정이나 탈이 없거나 무사히 잘 있는 것이에요.
- **흐리멍덩하다** 정신이 맑지 못하고 흐린 상태를 말해요.
- **신물(神物)** 신령스럽고 기묘한 물건이라는 말이에요.

○ 여러분은 게임이나 예쁜 물건에 정신을 빼앗겨 본 적이 있나요? 어떻게 이겨 냈나요? 여러분의 경험을 친구들과 이야기해 봐요.

8장
체언도시 안녕!

　한자어 수사와 고유어 수사 요정들은 랑이, 양양이, 산이, 달리 그리고 산이 주머니 속 삼덕이를 둘러쌌다. 서로 손을 잡고 빙빙 돌며 노래를 불렀다. 한 명이 선창하면 모두가 따라 불렀다.
　"수사마을을 구해준 영웅들의 용감함. 이들에겐 검은 안개도 한낱 장난감."
　"산이, 달리 영웅들의 이름, 깊이 널리 칭송할 아름다운 이름"
　"영원히 기억해, 영웅들의 지혜"

요정들 모두가 한마음으로 노래했다.

노래를 마칠 때였다. 반딧불이 요정들이 한곳을 가리켰다. 깊게 파였던 절벽이 사라진 자리였다. 큰 잎사귀를 단 두 인삼이 나타났다.

"삼덕아!"

"엄마, 아빠!"

삼덕이 부모님이었다. 그 뒤를 이어 더덕 삼촌, 도라지 이

모들도 요정들 사이를 가르며 나타났다.

　삼덕이는 부모님과 가족들을 보자 눈물을 뿌리며 짧은 다리로 뛰어갔다. 산이가 뛰어가는 삼덕이를 들어 인삼 부부 앞에 내려주었다. 삼덕이와 부모님이 얼싸안았다. 삼촌과 이모들도 삼덕이 머리를 쓰다듬고 등을 토닥여 주었다.

"미안해, 미안해."

"얼마나 고생이 심했을까, 미안해. 정말 미안해."

　삼덕이 부모님이 울면서 삼덕이에게 계속 미안하다고 했다. 삼덕이는 미안하다고 하는 부모님을 보며 괜찮다고 말했다. 그리고 이렇게 찾으러 와 주어서 고맙다고 했다. 이제는 부모님께 떼만 쓰는 아기 인삼이 아니었다. 산이 일행과 함께 다니며 씩씩하고 용감한 인삼으로 성장했다.

　이 모습을 보자 산이도 어서 집으로 돌아가 할머니를 보고 싶었다. 달리도 눈물을 소매로 닦으며 부모님을 생각했다.

"엄마, 아빠. 여기 산이 님과 달리 님, 신수 님들이 나를 보살펴준 은인이야."

　삼덕이가 산이와 달리를 부모님께 소개했다.

"아아, 정말 고마워요. 평생 잊지 않을게요. 정말 고마워요.

어떤 말로도 이 고마움을 표현할 수 없네요. 신수 님들도요."

삼덕이 부모님은 산이와 달리 손을 붙잡고 아주 많이 고마워했다. 그리고 보따리에서 상자 두 개를 꺼냈다.

"이건 우리에게서 빠진 뿌리를 모아 둔 거예요. 우리 삼덕이를 보살펴 준 은혜에는 턱없이 부족하지만 고마움을 전하고 싶어요. 이걸 가져가면 누구든지 심각한 병 한 가지는 고칠 수 있을 거예요."

산이와 달리 손에 상자를 하나씩 쥐어 주었다. 산이는 무릎과 허리 신경통으로 편찮으신 할머니가 생각났다. 달리도 회사 일로 항상 피곤해하던 부모님을 떠올렸다.

"랑아, 우리를 이제 집으로 데려다 줘."

달리가 랑이를 보며 말했다.

랑이가 고개를 끄덕이며 대답했다.

"응, 이제 돌아갈 때야. 체언도시는 모두 정화됐어. 너희 덕분이야. 물론 너희를 알아본 내 눈이 정확한 거였지만."

옆에서 양양이가 랑이 옆구리를 콕 찔렀다. 랑이가 자기 자랑을 멈추고 말을 이었다.

"큼큼, 체언도시 대표로서 신수인 랑이, 양양이가 너희에

게 입은 은혜를 잊지 않을게. 여기 국어나라 체언도시에는 너희를 기리는 동상이 세워질 거야. 그리고 너희 이름을 딴 길도 생길 거고……."

"아니, 그게 중요한 게 아니고 집에 데려다 달라고. 부모님이 보고 싶다고!"

달리가 길어지는 랑이 말을 끊었다.

산이도 달리에게 동의하며 랑이에게 어서 집으로 데려다 달라고 말했다.

"헤어지기 싫은데……. 알았어. 자, 산아, 내 몸을 꼭 잡아.

달리도."

산이, 달리가 양양이, 반딧불이 요정들, 삼덕이 가족과 작별 인사를 마치자 랑이가 공중에 큰 원을 그렸다. 랑이, 달리, 산이는 원 속으로 쏙 들어갔다.

"산아, 이제 일어나야지. 학교 가야지."

할머니가 산이를 깨웠다.

"우우웅, 너무 피곤해."

산이가 눈을 비비며 침대에서 몸을 일으켰다.

할머니가 산이를 안아 주었다.

"일찍 잠자리에 들었는데 왜 피곤할까? 나쁜 꿈이라도 꾼 거야."

할머니의 물음에 산이는 눈을 번쩍 떴다.

"아니! 신나는 꿈, 최고로 신나는 꿈."

"에구, 내 새끼, 그럼 꿈에서 깨고 싶지 않았겠네."

"아니야, 할머니 보고 싶어서 빨리 왔어. 진짜야. 할머니 보고 싶었어."

산이가 할머니를 와락 안았다.

"아이고, 우리 산이. 언제 어른이 될까. 아직 아기네."

"응, 난 영원히 할머니 아기야."

"아기라도 학교에 지각하면 안 되지. 자, 어서 씻으러 가자."

할머니가 산이를 들어 침대 밖으로 나오게 했다.

산이가 욕실로 씻으러 가자 할머니가 산이 침구를 정리했다.

산이 베개 옆에 웬 상자 하나가 있었다.

할머니가 고개를 갸웃하며 상자를 여니 삼 뿌리가 푸른 이끼 위에 곱게 놓여 있었다.

- **선창하다** 노래 같은 것을 맨 먼저 부르는 것을 말해요.
- **한낱** 기껏해야 대단한 것 없이 다만이라는 말이에요.
- **칭송하다** 칭찬하여 말한다는 뜻이에요.
- **은인** 자신에게 은혜를 베푼 사람이에요.
- **동의하다** 뜻이나 의견을 같이 한다는 말이에요.
- **침구** 잠을 자는 데 쓰는 이불, 요, 베개 따위를 통틀어 이르는 말이에요.

◉ 여러분은 가족들과 떨어져 있던 경험이 있나요? 다시 만났을 때 기분이 어땠나요? 친구와 가족에게 말해 봐요.

이야기 주머니

국어나라 체언도시
❸ 수사, 순서대로 불러 줘!

초판 인쇄 2025년 7월 15일
초판 발행 2025년 7월 25일

지은이 진정
그린이 박종호
펴낸이 정은영
편집 노정임
디자인 DesignPark
마케팅 정원식, 정은숙

펴낸곳 주니어마리
출판등록 제2019-000293호
주소 (10542) 경기도 고양시 덕양구 청초로10 GL메트로시티 A2-1001
전화 02)336-0729, 0730
팩스 070)7610-2870
홈페이지 www.maribooks.com
이메일 mari@maribooks.com
인쇄 ㈜소문사

ISBN 979-11-94743-08-8 (74810)
　　　979-11-985556-9-4 (세트)

- 이 책은 주니어마리가 저작권자와의 계약에 따라 발행한 것이므로
  본사의 허락 없이는 어떠한 형태나 수단으로도 이용하지 못합니다.
- 잘못된 책은 바꿔 드립니다.
- 가격은 뒤표지에 있습니다.